AF258030

LES

RICHESSES NATURELLES

DE

L'ILE DE MADAGASCAR

1862

RICHESSES NATURELLES

DE L'ILE DE MADAGASCAR.

Quel admirable pays que Madagascar! C'est là que
je puis annoncer aux naturalistes qu'est la terre de
promission pour eux.

(*Lettre de Commerson à Lalande*, 1771.)

L'île de Madagascar est située au N. E. du cap de Bonne-Espé- Position géogra-
rance, à l'entrée de la mer des Indes. Elle a 350 lieues terrestres phique.
de long, et 140 dans sa plus grande largeur. Sa distance aux îles
Maurice et de la Réunion est de 120 lieues marines, mais elle
n'est éloignée que de 70 lieues des côtes d'Afrique, dont elle est
séparée par le canal de Mozambique. Comprise entre le 12e et le
26e degré de latitude sud, et les 41e et 48e de longitude est, elle
occupe sur cette étendue une surface presque égale à celle de la
France. De forme très-allongée, elle offre un immense dévelop-

pement de côtes, avec des ports naturels magnifiques, dans des baies toujours accessibles et d'une défense facile.

RÈGNE MINÉRAL.

Le sol de l'île est composé de roches granitiques et basaltiques, et de terrains de sédiment, depuis les dépôts les plus anciens jusqu'aux plus modernes.

Fer.

Les granits sont mêlés de fer oxydulé magnétique noir, qui se rencontre aussi en filons. C'est un minerai analogue à celui si réputé de la Suède, et donnant comme lui un fer et un acier de qualités supérieures. Par la désagrégation des granits, le minerai s'isole facilement, et les plages de la côte sont parsemées de sables ferrifères d'une grande richesse. Un simple lavage permet de séparer le fer de sa gangue, et d'obtenir ainsi un minerai d'une teneur supérieure à 60 pour 100 de fer métallique. Les Malgaches fabriquent leurs lances avec ce fer, et un Français, M. Laborde, depuis trente ans établi dans l'île, y a installé des hauts fourneaux et une fonderie de canons.

Cuivre, plomb, argent, plombagine.

Le fer n'est pas le seul métal que l'on trouve à Madagascar. Des filons de cuivre sulfuré gris, de cuivre panaché et de cuivre pyriteux, mêlés de cuivres carbonatés verts et bleus, et de cuivres hydrosilicatés verts, d'une apparence cristalline ou terreuse, traversent les divers terrains de l'île. Il y a aussi des filons de plomb argentifère, très-riches en argent et d'une très-grande pureté. La plombagine ou fer carburé pur, qui sert à fabriquer les crayons et les creusets, se rencontre également à Madagascar, et M. Laborde s'en sert pour fabriquer les creusets qu'il emploie dans ses opérations métallurgiques.

Cristal de roche, gemmes, or.

Le cristal de roche existe en grandes masses presque dans toute l'île. Il peut lutter, pour la transparence et la limpidité, avec le cristal si réputé du Brésil, auquel il a longtemps fait concurrence en France. Enfin des pierres précieuses, comme le grenat, la topaze, le rubis, sont roulées avec des paillettes d'or par les sables des rivières qui arrosent le sud de l'île.

Le terrain volcanique contient quelques minerais de fer oxydé et oxydulé, et aussi du péridot olivine, de la variété dite chry-solithe, qui s'emploie avec avantage dans la bijouterie et l'horlogerie. On rencontre également, au milieu des basaltes, des pouzzolanes de bonne qualité; et ces basaltes eux-mêmes fournissent d'excellents matériaux de construction. *Chrysolithe; pouzzolane.*

Il y a dans l'île des sables de verrerie et du kaolin, provenant de la désagrégation des granits. M. Laborde avait même établi, à huit lieues de la capitale Tananarive, une fabrique de verre et de porcelaine, qui a fonctionné quelque temps. *Sables de verrerie, kaolin.*

Dans les terrains sédimentaires, on trouve des couches de sel, de marbre, de craie avec silex, mais surtout de la houille, de l'anthracite et du lignite. L'emploi de ces combustibles serait très-avantageux dans le service des chaudières fixes pour les raffineries de sucre, les distilleries de rhum, et dans celui des chaudières marines, à bord des bateaux à vapeur. Quelques variétés s'appliqueraient également avec succès à la fabrication du gaz d'éclairage. Nous avons eu occasion de voir, en juin 1861, au Muséum d'histoire naturelle de Saint-Denis, à l'île de la Réunion, plusieurs échantillons des lignites de Madagascar à côté des productions minérales précédemment indiquées; mais nous avons aussi reçu du docteur Milhet, qui le tenait du père Jouen, préfet apostolique de la mission Malgache, un spécimen de houille anthraciteuse provenant de Bavatou-Bé, près la baie de Passandava. Ces derniers échantillons, examinés par nous au laboratoire, nous ont donné une teneur moyenne en carbone fixe de 50 à *Sel, marbre, combustibles.*

55 pour 100, et en gaz combustible et vapeur d'eau de 45 à 50. Le gaz brûlait avec une flamme vive, nullement fuligineuse, et d'un pouvoir éclairant assez intense. Le coke, résultat de la calcination en vase clos, conservait la forme de l'échantillon essayé, ce qui éloignait l'idée d'une houille grasse; mais le pouvoir calorifique du combustible atteignait celui des bonnes houilles anglaises, et la quantité de cendres contenue dans le coke ne dépassait pas 4 à 5 pour 100. Ces cendres étaient surtout composées de carbonate de chaux, et d'un peu d'oxyde de fer. Aucune trace de pyrite n'a été observée dans les échantillons essayés, aucun atome de soufre révélé dans le combustible par les réactifs du laboratoire : cette double constatation de la chimie plaide encore en faveur de la bonne qualité industrielle du charbon analysé.

Asphalte, eaux minérales. La richesse minérale de Madagascar étonnera de plus en plus les géologues, à mesure que le pays sera mieux connu et étudié, car nous avons dit que tous les terrains classés par la science s'y rencontrent, et que cette île est aussi grande que la France. Citons, pour terminer notre nomenclature, des lacs et des sources d'asphalte, signalés par M. le capitaine de vaisseau Vicomte Fleuriot de Langle, sur la côte occidentale, ainsi que des résines fossiles rappelant l'ambre gris; n'oublions pas enfin les eaux minérales, une source entre autres située sur la route de Tamatave à Émirne. Le docteur Milhet, plusieurs fois appelé de la Réunion à Madagascar du temps de la reine Ranavalo, nous a remis deux bouteilles de cette eau, et il les a lui-même remplies au point d'émergence de la source. L'eau est franchement acidule, elle est aussi très-alcaline, riche en sels de soude et de potasse ; enfin elle est de nature ferrugineuse, et comme telle employée par les insulaires dans le traitement des maladies de foie. Le degré de chaleur de la source est assez élevé, 32 à 35 degrés centigrades. Ces eaux rappellent assez bien celles si connues de Vichy. Il y a aussi sur d'autres points de l'île des sources de même nature, dont les qualités thermales sont plus prononcées; enfin d'autres eaux d'une composition différente, salines ou sulfureuses. Ces dernières atteignent quelquefois le point de l'ébullition.

Les productions végétales de Madagascar ne sont pas moins importantes que celles du règne minéral, et la position du pays est telle que toutes les productions des climats tempérés comme celles des climats tropicaux semblent s'être donné rendez-vous sur cette terre de promission. Le maïs, le blé, la vigne y viennent à souhait, ainsi que la pomme de terre, le manioc et le riz : ce dernier est plus blanc et plus beau que celui de l'Inde, et on en fait grand cas dans les deux colonies de Maurice et de la Réunion. La canne à sucre, dont une variété est originaire de Madagascar; le coton, qui y est indigène comme le café, donneraient à une culture assidue et intelligente d'incalculables bénéfices; le café surtout, aujourd'hui presque disparu des colonies françaises de La Martinique et Bourbon. L'arachide, qui fournit une huile employée à la fabrication du savon, et les arbres produisant des huiles médicinales, comme le palma-christi et le pignon d'Inde, viennent également d'eux-mêmes à Madagascar. Le tabac y est aussi beau qu'à la Réunion, où il donne des produits si appréciés des Créoles; enfin le cacao, la vanille, l'indigo, le thé n'attendent que les soins de colons européens. Les arbres à épices, qui ont fait un moment la fortune des îles de France et Bourbon, rencontreraient à Madagascar une région favorisée, où ils ne tarderaient pas à se développer sur la plus vaste échelle. Ils n'auraient pas à y craindre ces terribles ouragans, qui ont détruit dans les deux colonies précédemment citées les muscadiers et les girofliers, et fait disparaître avec eux les plants de café auxquels ils servaient d'abri avec les *bois noirs* également disparus. Toutes ces cultures ont depuis été remplacées à Maurice et Bourbon par celle de la canne, moins exposée au désastre des ouragans.

Bois résineux et de construction. Les arbres à résine, comme le benjoin, le copalier et le tacamaca, et les arbres à caoutchouc, sont indigènes à Madagascar, en même temps qu'une foule de bois applicables aux constructions navales et civiles, ainsi qu'à l'ébénisterie. Ce sont le bois d'ébène, le bois de fer, le tamarinier, le bois de natte, rival de l'acajou, le bois de rose, le bois de sandal, enfin le bois de faux-teck, analogue au teck de l'Inde, si dur que les vers ni la pourriture ne l'attaquent jamais, même dans l'eau. Les troncs de quelques-uns de ces arbres sont si volumineux, que les naturels en font des pirogues pouvant porter jusqu'à trente hommes. Les forêts sont remplies d'orseilles déjà exploitées par les naturels, et dont l'exportation assure dès aujourd'hui au commerce de très-grands avantages.

Plantes textiles. Les arbres et plantes à feuilles textiles : le vacoa, le bananier, l'aloès, le raffia abondent dans tout le pays, et les Malgaches, en tissant les fils de ces végétaux et en tressant leurs feuilles, fabriquent des étoffes et des nattes très-estimées à Maurice et Bourbon.

RÈGNE ANIMAL. Bœufs, porcs et moutons. La nature, si prodigue de ses dons envers Madagascar dans le règne minéral et végétal, n'est pas restée en arrière pour le règne animal. Les bœufs à la bosse sur le dos, les moutons et les porcs indigènes que l'on vient embarquer à Tamatave et à Foulpointe, sont les seules viandes de boucherie que consomment les colonies voisines.

Les oiseaux de basse-cour sont également élevés dans la grande île, surtout pour être vendus aux navires; enfin les poissons de mer et d'eau douce, quelques-uns d'espèces très-délicates, comme les gouramis, sont partout abondamment répandus. Les tortues de mer fournissent une viande recherchée, et la variété connue sous le nom de caret donne une très-belle écaille, de couleur jaune ou rosée, transparente, fort appréciée dans le commerce. Oiseaux de basse-cour; poissons; tortues.

Le *miel vert* des abeilles madécasses est exporté en grande quantité à Bourbon. Les vers à soie sont indigènes, et l'on en rencontre de diverses espèces. L'une d'elles, analogue au ver à soie de l'ailante, file en liberté ses cocons dans les arbres et jusque dans les champs d'ambrevades. Si l'on prenait la peine de les élever, les vers à soie de Madagascar donneraient très-certainement des produits aussi renommés que ceux de l'Inde ou de la Chine. Abeilles, vers à soie.

Cette rapide nomenclature sur les richesses des trois règnes dans la grande île Malgache, démontre clairement que le naturaliste Commerson n'était nullement exagéré en donnant à cette contrée le nom de terre promise. Et si nous ne l'avons pas visitée nous-même, nous avons pu cependant recueillir les informations qui précèdent pour ainsi dire sur les lieux, lors d'une mission géologique à l'île de la Réunion, dont nous fûmes chargé comme ingénieur des mines en 1861. Le moment ne pouvait être plus propice pour publier tous ces renseignements, que celui où le jeune roi Radama II convie si généreusement à la civilisation de son pays la France et toutes les nations de l'Europe. Nulle position topographique plus heureuse ne saurait d'ailleurs être choisie pour une vaste colonisation. Madagascar se trouve à la Colonisation de Madagascar.

fois à l'entrée de la mer des Indes, et l'on peut presque dire de la mer Rouge, à laquelle le percement prochain de l'isthme de Suez va donner une si grande importance.

Paris, le 15 avril 1862.

L. SIMONIN.

PARIS. — IMPRIMERIE DE CH. LAHURE ET Cᵉ
Rue de Fleurus, 9